AF347486

GAMBETTA

Conférence faite au Théâtre de Villeneuve-sur-Lot

LE 20 MAI 1888

PAR

GASTON PRADELLE

AVOCAT A LA COUR D'APPEL D'AGEN

PRÉSIDENT DU CONSEIL D'ARRONDISSEMENT

OFFICIER D'ACADÉMIE

Prix : 60 Centimes.

AGEN

SICARD ET LAFFITE, LIBRAIRES

1888

GAMBETTA

AGEN, IMP. V. LENTHÉRIC.

GAMBETTA

Conférence faite au Théâtre de Villeneuve-sur-Lot

LE 20 MAI 1888

PAR

GASTON PRADELLE

AVOCAT A LA COUR D'APPEL D'AGEN

PRÉSIDENT DU CONSEIL D'ARRONDISSEMENT

OFFICIER D'ACADÉMIE

Prix : 60 Centimes.

AGEN

SICARD ET LAFFITE, LIBRAIRES

1888

____

Lorsque les membres du Comité villeneuvois
de la ligue de l'Enseignement m'ont fait l'honneur de m'inviter à venir vous faire une
conférence, j'ai hésité, je dois le dire, assez
longtemps avant d'accepter cet honneur qui me
paraissait très périlleux.

Faire une conférence, en effet, c'est-à-dire
parler de longue haleine sur un même sujet,
sans ennuyer ses auditeurs, n'est pas toujours
chose facile; et, pour ma part, je considérais
cette difficulté comme étant au-dessus de mes
forces.

Actuellement même, je ne me sens pas encore
absolument à l'aise, et je me trouve dans un
certain embarras. Ce n'est cependant pas le cas
de répéter le mot jadis célèbre : « j'y suis, j'y

reste ; » car d'ordinaire lorsqu'on est dans l'embarras, il n'y a qu'un seul parti à prendre, c'est d'essayer de s'en tirer. *(Rires.)*

Eh! bien, Messieurs, c'est ce que je vais faire; et pour triompher de la difficulté dans laquelle je me suis ainsi témérairement jeté, je compte, avant tout, sur l'extrême indulgence de l'aimable et bienveillant auditoire qui m'écoute.

Je veux d'ailleurs traiter ce soir devant vous un sujet qui, à mes yeux, ne peut qu'intéresser la population villeneuvoise : cette population libérale, ardente, dont le cœur s'ouvre à toutes les aspirations généreuses et surtout aux aspirations légitimes de la démocratie ; cette population de Villeneuve, qui, tout le monde le reconnaît, forme l'avant-garde de notre démocratie départementale, et que l'on voit toujours aux avant-postes lorsqu'il s'agit de combattre les efforts renaissants de la réaction. *(Applaudissements.)*

Je veux vous parler ce soir, Messieurs, du Grand Patriote qui, aux heures de notre désastre national, sut relever l'honneur de notre chère et malheureuse Patrie, et qui, plus tard, au milieu de nos crises sociales, devint l'apôtre de la liberté, le défenseur courageux et vigilant de nos institutions républicaines : je veux vous parler de Gambetta.

Gambetta! que de souvenirs, que de regrets, et, malgré certaines défaillances de l'heure présente, que d'espérances ce nom ne réveille-t-il pas dans nos cœurs!

Gambetta! Messieurs, c'est l'orateur à la voix puissante et chaleureuse qui, au moment où l'Empire était encore dans sa force, eut le courage de l'attaquer ouvertement et de dénoncer à l'indignation publique ses origines et son despotisme.

Gambetta! c'est, pendant la guerre de 1870, l'âme vivante de la Patrie; — de la Patrie qui souffre, mais qui combat pour ne pas mourir.

Gambetta! c'est enfin le tribun populaire qui, à l'époque troublée du *Seize-Mai*, au moment où les royalistes et le maréchal de Mac-Mahon lui-même préméditaient une restauration monarchique, se dressa, de toute la hauteur de son génie, contre les factieux qui étaient au pouvoir, et devint, sur le champ politique, comme le grand Carnot l'avait été autrefois sur le champ militaire, l'organisateur de la victoire! *(Salves d'applaudissements.)*

Je n'ai pas l'intention de vous faire ici la biographie complète de cet illustre citoyen. Sa vie a été très courte, trop courte, hélas! mais elle a été tellement remplie qu'une biographie ne saurait contenir dans le cadre restreint d'une conférence.

Je veux seulement rappeler à votre esprit et à votre cœur cette grande figure républicaine et patriotique au moment où tous les ennemis de nos institutions s'unissent dans un même sentiment de haine pour conspirer contre la République.

Si, contrairement à mes prévisions, il m'arrivait de prolonger de quelques minutes la durée habituelle de vos conférences et de vous imposer ainsi un surcroît de fatigue, je vous prierais de vouloir bien m'excuser à raison de l'étendue et de l'importance de mon sujet. Rassurez-vous cependant : je n'ai pas l'intention de vous faire coucher au théâtre et d'apporter un pareil trouble à vos habitudes de chaque jour *(rires)* : Soyez certains que je ferai tous mes efforts pour restreindre ma conférence dans les limites strictement nécessaires qu'elle comporte.

I

Les commencements de la vie politique de Gambetta datent, à proprement parler, de 1868.

Cette année là, un jeune homme, M. Ténot, rédacteur du *Siècle*, publia deux petits livres intitulés l'un, *Paris en décembre 1851*, et l'autre, *La Province en décembre 1851*, tous les deux sous cette rubrique générale : *Etude historique sur le Coup d'Etat*.

Dans cet ouvrage, M. Ténot racontait et mettait en lumière, dans leur triste réalité, les arrestations illégales, les fusillades et les crimes sans nombre qui avaient inauguré le régime impérial.

Ces épisodes navrants étaient remis par lui dans toutes les mémoires.

Il y eut alors en France, parmi les démocrates, comme un réveil d'indignation légitime et de protestation contre la violation du droit et de la justice.

A Paris surtout, ce réveil de la démocratie s'affirma dans une manifestation des plus importantes.

C'était le jour des morts.

M. Ténot avait rappelé dans son livre qu'un député de l'Ain, le docteur Alphonse Baudin, avait été tué, en 1851, sur une barricade, pour avoir voulu défendre, contre ceux qui les violaient, la constitution et les lois du pays.

Le jour des morts de l'année 1868, toutes les notabilités du parti démocratique, à Paris, se réunirent dans le cimetière où reposaient les restes de Baudin, et allèrent solennellement déposer sur sa tombe des couronnes d'immortelles.

Le même jour, tous les journaux républicains de la capitale ouvrirent une souscription pour élever un monument à la mémoire de ce représentant du peuple.

L'empereur, épouvanté de cette manifestation, eut recours à la force. Plusieurs arrestations furent faites, et quelques manifestants, parmi lesquels se trouvaient plusieurs journalistes, furent immédiatement traduits en police correctionnelle.

Ils furent traduits devant la justice sous l'inculpation d'avoir pratiqué des manœuvres à l'intérieur dans le but de troubler la paix publique et d'exciter les citoyens à la haine et au mépris du gouvernement.

Parmi les inculpés se trouvait Delescluze, rédacteur en chef du journal le *Réveil*.

Delescluze qui déjà, en plusieurs circonstances, avait eu l'occasion d'apprécier le talent oratoire de Gambetta, son âme ardente et ses convictions républicaines, lui confia sa défense.

Le procès Baudin fut pour Gambetta l'aurore radieuse et éclatante de sa gloire et de sa fortune politique.

D'accusé qu'il était, il se fit accusateur, et sa plaidoirie pour Delescluze ne fut qu'un long et terrible réquisitoire contre l'Empire.

Jamais, Messieurs, sous aucun monarque,

une parole aussi courageuse ne s'était fait entendre dans un langage aussi éloquent. De cette
voix puissante qui dominait le bruit des foules
et le tumulte des assemblées, Gambetta, avec
une énergie sévère et une conviction généreuse
qui débordait dans son cœur de républicain et
de démocrate, lança contre l'empire, en terminant sa plaidoirie, cette apostrophe vengeresse
que je ne résiste pas au désir de vous lire :

Il y a déjà quelque chose qui juge nos adversaires.
Écoutez, voilà dix-sept ans que vous êtes les maîtres
absolus, discrétionnaires de la France, — c'est votre
mot ; — nous ne rechercherons pas l'emploi que vous
avez fait de ses trésors, de son sang, de son honneur
et de sa gloire ; nous ne parlerons pas de son intégrité
compromise, ni de ce que sont devenus les fruits de
son industrie, sans compter que personne n'ignore les
catastrophes financières qui, en ce moment même,
sautent comme des mines sous nos pas ; mais ce qui
vous juge le mieux, parce que c'est l'attestation de
vos propres remords, c'est que vous n'avez jamais osé
dire : nous célébrerons, nous mettrons au rang des
solennités de la France le Deux Décembre comme un
anniversaire national.

Et cependant tous les régimes qui se sont succédé
dans ce pays se sont honorés du jour qui les a vus
naître. Ils ont fêté le 14 Juillet, le 10 Août ; les jour-
nées de Juillet 1830 ont été fêtées aussi, de même que
le 24 Février ; il n'y a que deux anniversaires, le 18
Brumaire et le 2 Décembre, qui n'ont jamais été mis
au rang des solennités d'origine, parce que vous savez

que si vous vouliez les y mettre, la conscience univer-
selle les repousserait.

Eh bien! cet anniversaire dont vous n'avez pas
voulu, nous le revendiquons, nous le prenons pour
nous, nous le fêterons toujours, incessamment; chaque année, ce sera l'anniversaire de nos morts jusqu'au
jour où le pays, redevenu le maitre, vous imposera la
grande expiation nationale au nom de la Liberté, de
l'Egalité, de la Fraternité!

S'adressant à M. l'Avocat impérial :

Ah! vous levez les épaules!

M. l'Avocat impérial : Mais ce n'est plus de la plaidoirie...

M⁰ Gambetta : Sachez-le, je ne redoute pas plus vos
dédains que vos menaces. En terminant hier votre
réquisitoire, vous avez dit : *nous aviserons!* Comment!
avocat impérial, magistrat, homme de loi, vous osez
dire : « Nous prendrons des mesures ». Et quelles
mesures? Ne sont-ce pas là des menaces? Eh bien!
écoutez, c'est mon dernier mot : « Vous pouvez nous
frapper, mais vous ne pourrez jamais ni nous désho-
norer ni nous abattre! »

Ce réquisitoire courageux et foudroyant eut,
dès le lendemain, un grand retentissement dans
toute la France ; il se répandit partout comme
une trainée de poudre. Ce fut pour l'empire le
canon d'alarme; et l'empereur, à cette secousse,
dut sentir son trône vermoulu chanceler sous la
pourpre impériale. *(Applaudissements.)*

Mais ce n'était pas la dernière attaque que le
jeune tribun devait diriger contre le régime
impérial.

Le procès Baudin venait d'élever d'un seul coup Gambetta à la tête du parti républicain. Son nom fut bientôt dans toutes les bouches ; et redouté du pouvoir, il devint, dès ce jour, l'espoir de la démocratie, le symbole vivant de la lutte pour la liberté contre le despotisme.

Quelques mois plus tard, les villes de Marseille et de Paris l'envoyèrent siéger au Corps législatif.

A partir de ce moment, Gambetta ne perdit pas une seule occasion de propager ses doctrines, de les discuter, de les développer, de sa voix vibrante, dans un langage élevé, persuasif, entraînant, avec cette éloquence grandiose qui provoquait parfois des applaudissements jusque sur les bancs de ses adversaires.

Il proclamait tout haut, en face de l'empire étonné, que le suffrage universel devait être le seul principe de gouvernement, et que ce principe était incompatible avec la royauté, l'empire ou la dictature. A la face de l'Empire, il proclamait la nécessité de fonder la République.

Ecoutez ce qu'il disait, au Corps législatif, dans la séance du 5 avril 1870 :

Oui, je dis qu'il faut faire du nouveau, et ne croyez pas que dans ces paroles il y ait une contradiction ou une espèce d'impiété filiale contre la Révolution française. A coup sûr, quand je dis qu'il y a une forme par

excellence pour assurer la liberté, cette forme, vous ne
me permettriez pas de la taire, parce qu'elle est sur
mes lèvres, dans mon cœur, c'est la forme républicaine.

. . . .

Oui, en dehors de la réalisation de la liberté par la
République, tout ne sera que convulsion, anarchie ou
dictature...

Et plus loin, il ajoutait :

Si l'on veut être sincère, et si, lorsqu'on proclame la
souveraineté nationale, on veut son application, il faut
reconnaître que tout ce qui a aujourd'hui un carac-
tère permanent et héréditaire dans le pouvoir est
désormais caduc, et que l'exécutif monarchique,
dynastique, est condamné à être éliminé, à être
expulsé.

Voilà la vérité démocratique.

Il faut choisir entre le suffrage universel et la
monarchie ; quand on fait de la politique et des institutions, il faut faire des institutions conformes aux
principes qu'on veut faire triompher. Quand vous ferez
de la monarchie, entourez-vous d'institutions monarchiques.

Quand vous ferez de la République, et c'est un
changement que je prends la liberté de recommander
à ceux qui, au-dehors et au-dedans, pensent comme
moi, faites des institutions républicaines. Cela est
nécessaire si vous voulez faire œuvre durable.

Mais si vous associez deux opinions jalouses l'une
de l'autre, dont les intérêts sont manifestement con-
traires, attendez-vous à des conflits, attendez-vous à
la neutralisation des forces vives du pays, à un duel

insensé, et il faudra de deux choses l'une : ou que la
liberté du suffrage et l'universalité du droit succom-
bent devant les satisfactions et les désirs d'un seul, ou
que la puissance d'un seul disparaisse devant la majorité du droit populaire.

Ce discours fut prononcé par Gambetta à
l'occasion du plébiscite projeté par l'Empereur.

Vous savez, Messieurs, comment l'empire
libéral avait voulu succéder à l'empire autori-
taire. Sentant l'opposition grossir, l'Empereur
essaya de trouver dans un vote populaire une
consécration nouvelle. Il fit adopter par le Sénat,
le 20 avril 1870, un sénatus-consulte modifiant
la constitution de 1852 dans un sens plus libéral,
et convoqua le peuple dans ses comices, pour le
8 mai de la même année, afin de lui faire
approuver la nouvelle constitution.

Un plébiscite, surtout lorsqu'il est provoqué
par un monarque, est toujours une duperie.
Comment admettre en effet qu'un monarque
veuille sincèrement soumettre son pouvoir et
l'existence de sa dynastie à la ratification du
peuple?

La question posée dans un plébiscite est
toujours revêtue d'une formule jésuitique, de
manière à provoquer la réponse que l'on désire;
et telle était, Messieurs, la question soumise au
peuple le 8 mai 1870. Elle était ainsi conçue :

« Le peuple approuve les réformes libérales
« opérées dans la constitution depuis 1860 par
« l'Empereur avec le concours des grands corps
« de l'Etat, et ratifie le sénatus-consulte du
« 20 avril 1870 ».

C'était un piège tendu au suffrage universel.

Comme vous le voyez, on n'avait même pas
employé la forme interrogative, et l'on présentait
au peuple une affirmation catégorique pour
mieux lui faire comprendre la réponse qu'on
attendait de lui.

On appelait surtout son attention sur les
réformes libérales accomplies depuis 1860, et
l'on jetait incidemment à la fin de la phrase,
comme une chose insignifiante, la ratification du
sénatus-consulte du 20 avril 1870.

C'était pourtant dans ces quelques mots que
résidait pour l'Empereur toute l'importance du
plébiscite ; car le sénatus-consulte du 20 avril
contenait la consécration de la dynastie impériale.

Il fallait répondre par *oui* ou par *non*.
Beaucoup d'esprits libéraux crurent ne pas
pouvoir s'empêcher de donner leur approbation
à des réformes libérales ; ajoutez à cela que la
pression officielle fut exercée avec la plus grande
activité. Le plébiscite fut voté par plus de 7
millions de suffrages affirmatifs.

Mais Gambetta ne se découragea pas dans la lutte. Quelques jours après le plébiscite, dans son discours aux électeurs de Belleville, il renouvelait ses attaques, et prononçait de nouveau la condamnation inévitable du régime impérial.

Quel est ici, disait-il, le véritable vaincu ? C'est le principe monarchique. On a beau dire que sept millions et demi de *oui* ont tout tranché ; rien ne réprimera l'insurrection de ma conscience qui crie : Tout est à refaire !

Le plébiscite a aggravé la situation pour l'empire, il l'a défendue pour la démocratie. L'empire, qui se réclame de la démocratie, s'était, il y a dix-huit ans, déclaré éternel, héréditaire, et voilà qu'après ces dix-huit ans, il sent le besoin de chercher une consécration nouvelle, de se remettre en question. Et ce qu'il a fait le 8 mai, il déclare qu'il pourra le refaire tous les jours. Eh bien ! je vous le demande : qu'est-ce qu'un pouvoir qui, après avoir proclamé l'éternité de son existence, vient vous demander par intervalles si vous lui reconnaissez le droit d'exister ?

L'empire a déclaré en 1852 que le plébiscite d'alors était sa base inébranlable, et, en 1870, il vient vous redemander de lui donner une base. Je le déclare, dans un pays où des points de cette importance peuvent à chaque instant se remettre en question, il peut y avoir des rois, des empereurs, une famille régnante, mais il n'y a pas de monarchie.

Il y a là, Messieurs, un fait qui cache un droit.

Celui qui se met et se remet aux voix reconnaît par là qu'il n'a ni titre personnel, ni légitimité personnelle.

Où donc est la légitimité? Dans la souveraineté nationale. Voilà le droit qui prime le fait plébiscitaire.

Et voilà aussi ce qui montre le ridicule de cette assimilation de l'empire à une chaumière. En prétendant assimiler le pouvoir à une propriété individuelle, vous niez la souveraineté nationale; à leur tour, ceux qui la défendent vous renient, et c'est là, Messieurs, que git la théorie des *irréconciliables...*

Avec un pareil chef, le parti de l'opposition grossissait chaque jour ; et Napoléon III prit peur malgré sa victoire plébiscitaire.

Pour détourner les périls qui menaçaient sa dynastie, il engagea la France dans une guerre à jamais inoubliable qui accumula tous les malheurs sur notre pays.

Ce fut la fin... Et ce régime néfaste qui avait pris naissance dans le crime du 2 décembre, alla bientôt s'engloutir dans la honte désastreuse de Sedan.

Honte et invasion ! Voilà donc toujours le couronnement des empires !...

Waterloo et Sedan ! dates sombres, qui, à un demi-siècle de distance, semblent avoir été tracées par le doigt de Dieu, pour avertir les peuples, et pour leur montrer que la fausse grandeur des empires conduit toujours aux grands désastres et à la ruine sanglante des nations ! *(Applaudissements prolongés.)*

Après Sedan, l'empire avait vécu... Mais hélas! la France elle aussi était mourante. Et la France vaincue, humiliée, souillée par l'Etranger, notre armée prisonnière, c'est tout ce qui restait de cette prospérité impériale que les partisans du césarisme osent encore nous vanter.

Et c'est ici, Messieurs, que j'arrive, après vous avoir montré Gambetta luttant pour la liberté, à vous le montrer luttant avec héroïsme pour le salut de la Patrie.

II

A la nouvelle de la capitulation de Sedan, le peuple de Paris s'émeut; et, dans un élan d'indignation et de colère légitimes, il se porte vers le Corps législatif et envahit les tribunes. C'est en vain que Gambetta veut contenir le flot populaire. Le flot populaire monte toujours; il devient irrésistible ; le peuple veut vénger son honneur : il réclame à grands cris la déchéance de Napoléon III et la proclamation de la République.

La République est proclamée à l'Hôtel de ville; et, à ce moment, naît de la nécessité même, de la vacance du pouvoir impérial et des dangers qui fondent sur la Patrie, le Gouvernement provisoire de la Défense nationale.

Dès le lendemain du 4 Septembre, le gouvernement provisoire adressait au peuple français la proclamation suivante :

Français !

Le Peuple a devancé la Chambre, qui hésitait. Pour sauver la Patrie en danger, il a demandé la République.

Il a mis ses représentants non au pouvoir, mais au péril.

La République a vaincu l'invasion en 1792 ; la République est proclamée.

La Révolution est faite au nom du droit, du salut public.

Citoyens, veillez sur la Cité qui vous est confiée ; demain vous serez, avec l'armée, les vengeurs de la Patrie !

C'est à partir de ce moment que nous voyons Gambetta mettre sans réserve au service de son pays toutes les forces de son âme ardente, toutes les ressources de son puissant génie.

Ministre de l'intérieur, et plus tard à la fois ministre de l'intérieur et ministre de la guerre, il maintient l'ordre au-dedans, et adresse au peuple français des proclamations écrites en traits de flammes qui raniment tous les courages.

Les Prussiens furent bientôt sous les murs de Paris. Après la bataille de Châtillon qui fut pour nous, il faut bien le dire, une véritable déroute, des soldats débandés entraient dans la capitale et y semaient l'alarme.

A ce moment, le peuple de Paris fut sur le point de se livrer au désespoir et au découragement :

Citoyens ! s'écria Gambetta, dans sa proclamation du 19 septembre :

« Le canon tonne. Le moment suprême est arrivé.

Depuis le jour de la Révolution, Paris est debout et en haleine. Tous, sans distinction de classes ni de partis, vous avez saisi vos armes, pour sauver à la fois la Ville, la France et la République.

Vous avez donné, dans ces derniers jours, la preuve la plus manifeste de vos mâles résolutions ; vous ne vous êtes laissé troubler ni par les lâches ni par les tièdes ; vous ne vous êtes laissé aller ni aux excitations ni à l'abattement ; vous avez envisagé avec sang-froid la multitude des assaillants.

Les premières atteintes de la guerre vous trouveront également calmes et intrépides, et, si les fuyards venaient, comme aujourd'hui, porter dans la cité le désordre, la panique et le mensonge, vous resteriez inébranlables, assurés que *la Cour martiale qui vient d'être instituée par le Gouvernement pour juger les lâches et les déserteurs*, saura efficacement veiller au salut public et protéger l'honneur national.

Restons donc unis, serrés les uns contre les autres, prêts à marcher au feu, et montrons-nous les dignes fils de ceux qui, au milieu des plus effroyables périls, n'ont jamais désespéré de la Patrie !

Et deux jours plus tard, le 21 septembre, jour

anniversaire de la proclamation de la première République, Gambetta saisit cette nouvelle occasion de faire entendre encore des accents patriotiques :

Citoyens, disait-il,

C'est aujourd'hui le 21 septembre.

Il y a soixante-dix-huit ans, à pareil jour, nos pères fondaient la République et se juraient à eux-mêmes, en face de l'étranger qui souillait le sol sacré de la Patrie, de vivre libres ou de mourir en combattant.

Ils ont tenu leur serment ; ils ont vaincu, et la République de 92 est restée dans la mémoire des hommes comme le symbole de l'héroïsme et de la grandeur nationale.

Le Gouvernement installé à l'Hôtel de Ville aux cris enthousiastes de : « Vive la République ! » ne pouvait laisser passer ce glorieux anniversaire, sans le saluer comme un grand exemple.

Que le souffle puissant qui animait nos devanciers passe sur nos âmes, et nous vaincrons.

Honorons aujourd'hui nos pères, et demain sachons comme eux forcer la victoire en affrontant la mort.

Vive la France ! Vive la République !

A ces mâles accents inspirés par le plus pur patriotisme, le peuple de Paris reprit courage et résolut de combattre jusqu'à la mort !...

Après avoir ainsi fait passer sur la grande ville l'âme de la Patrie, Gambetta reçut du gouvernement la mission d'aller s'adjoindre à la délégation de Tours pour activer en province l'organisation de la défense. Il n'hésita pas un seul instant à accepter cette suprême responsabilité.

Le 7 octobre 1870 , il part sur le ballon l'*Armand Barbès*, traverse les lignes prussiennes au milieu des plus grands dangers, et arrive à Tours où il s'empresse, comme à Paris, de relever les courages et d'organiser la résistance.

La province manquait de tout : pas d'armées, pas de fusils, pas de munitions.

Gambetta forme les deux armées de la Loire, l'armée du Nord, l'armée des Vosges, l'armée de l'Est. Il achète des fusils, crée une fabrique de cartouches , et s'adresse au patriotisme du peuple français :

Non, s'écrie-t-il, dans une de ses proclamations, il n'est pas possible que le génie de la France se soit voilé pour toujours, que la grande nation se laisse prendre sa place dans le monde par une invasion de cinq cent mille hommes.

Levons-nous donc en masse, et mourons plutôt que de subir la honte du démembrement !...

Sous le souffle de ce génie patriotique, la province se sent tout-à-coup transformée. Son cœur, découragé par les revers, s'ouvre à l'espérance. La confiance renaît.

Mais la mauvaise fortune devait trahir tous nos efforts : le 31 octobre on apprend la capitulation de Metz.

A la France consternée par tant de malheurs, Gambetta apporte encore le secours de son patriotisme que rien ne peut lasser. Et c'est ici que se placent les deux plus belles proclamations qu'il ait adressées au peuple et à l'armée :

Français ! s'écrie-t-il, élevez vos âmes et vos résolutions à la hauteur des effroyables périls qui fondent sur la Patrie. Il dépend encore de nous de lasser la mauvaise fortune et de montrer à l'Univers ce qu'est un grand peuple qui ne veut pas périr et dont le courage s'exalte au sein même des catastrophes.

Metz a capitulé. Un général sur qui la France comptait, même après le Mexique, vient d'enlever à la Patrie en danger plus de cent mille de ses défenseurs. Le général Bazaine a trahi, il s'est fait l'agent de l'homme de Sedan, le complice de l'envahisseur, et au mépris de l'honneur de l'armée dont il avait la garde, il a livré, sans même essayer un suprême effort, cent vingt mille combattants, vingt mille blessés, ses fusils, ses canons, ses drapeaux et la plus forte citadelle de la France, Metz, vierge jusqu'à lui des souillures de l'étranger.

Un tel crime est au-dessus même des châtiments de la justice...

Le lendemain, Gambetta adressait encore à l'armée cette proclamation qui, je m'en souviens, nous fit tressaillir et remua nos cœurs ; car nous étions de ceux qui assistaient, un chassepot à la main, à ces luttes désespérées de la patrie :

Soldats ! vous avez été trahis mais non déshonorés !

Depuis trois mois la fortune trompe votre héroïsme, vous savez aujourd'hui à quels désastres l'ineptie et la trahison peuvent conduire les plus vaillantes armées.

Débarrassés de chefs indignes de vous et de la France, êtes-vous prêts, sous la conduite de chefs qui méritent votre confiance, à laver dans le sang des envahisseurs l'outrage infligé au vieux nom français ?

En avant! vous ne lutterez plus pour l'intérêt ou les caprices d'un despote : vous combattrez pour le salut même de la Patrie, pour vos foyers incendiés, pour vos familles outragées, pour la France, notre mère à tous, livrée aux fureurs d'un implacable ennemi. Guerre sainte et nationale, mission sublime, pour le succès de laquelle il faut, sans jamais regarder en arrière, nous sacrifier tous et tout entiers.

D'indignes citoyens ont osé dire que l'armée avait été rendue solidaire de l'infamie de son chef. Honte à ces calomniateurs, qui, fidèles au système des Bonaparte, cherchent à séparer l'armée du peuple, les soldats de la République !

Non! non! j'ai flétri, comme je le devais, la trahison de Sedan et le crime de Metz, et je vous appelle à venger votre propre honneur qui est celui de la France !

Vos frères d'armes de l'armée du Rhin ont déjà protesté contre ce lâche attentat, et retiré avec horreur leur main de cette capitulation maudite.

A vous de relever le drapeau de la France, qui, dans l'espace de quatorze siècles, n'a jamais subi pareille flétrissure !

Le dernier Bonaparte et ses séides pouvaient seuls amonceler sur nous tant de honte en si peu de jours ! Vous nous ramènerez la victoire ; mais sachez la mériter par la pratique des vertus républicaines, le respect de la discipline, l'austérité de la vie, le mépris de la mort. Ayez toujours présente l'image de la Patrie en péril, n'oubliez jamais que faiblir devant l'ennemi à l'heure où nous sommes, c'est commettre un parricide et en mériter le châtiment.

Mais le temps des défaillances est passé, c'est fini des trahisons! Les destinées du pays vous sont confiées, car vous êtes la jeunesse française, l'espoir armé de la Patrie : vous vaincrez! et après avoir rendu à la France son rang dans le monde, vous resterez les citoyens d'une République paisible, libre et respectée.

Vive la France! Vive la République !

Ces proclamations surrexcitèrent l'ardeur de la nation et de l'armée ; et les victoires de Bapaume et de Coulmiers purent un instant nous faire espérer un changement de fortune. Mais ce triomphe devait être de courte durée : vous connaissez, Messieurs, les suites douloureuses de cette funeste guerre.

Lorsque Gambetta apprit les préliminaires de la capitulation de Paris, son patriotisme ne se laissa pas encore abattre, et, dans une lettre palpitante de douleur qu'il écrivit alors à M. Jules Favre, il s'exprimait ainsi en terminant :

... Au moment de finir, nous recevons à l'instant une dépêche de Londres qui annonce votre retour de Versailles à Paris avec les conditions de la capitulation. La précision de la dépêche ne laisse guère de doute dans mon esprit, et je reste muet devant une telle catastrophe. Le ballon que vous avez lancé ce matin, 27 janvier, est passé au-dessus de Niort, de Rochefort, vers le milieu du jour ; il est probablement allé à l'Océan, et nous sommes sans nouvelles officielles de vous. Tout, jusqu'à la nature, conspire contre la France. L'expiation est rude, le châtiment démesuré ; seul, le souffle de la Révolution française peut encore nous sauver. C'est lui que j'appelle et que j'invoque. C'est par lui seul que je compte vivifier ce qui reste encore dans le pays de vitalité et d'énergie.

Comme vous le voyez, au milieu des plus grandes catastrophes, Gambetta ne pouvait pas se résoudre à désespérer.

Mais le pays s'était complètement épuisé dans cette lutte suprême : la conclusion de la paix devint inévitable.

La force prima le droit ; et nous dûmes subir les exigences d'un vainqueur impitoyable :...

Douloureux souvenir, Messieurs, qui afflige cruellement nos cœurs, mais qu'il faut cependant toujours conserver pieusement au fond de nos mémoires ! car nos frères d'Alsace-Lorraine n'ont jamais cessé de nous tendre les bras. Ils n'ont jamais cessé de nous considérer comme leurs frères, parce qu'ils savent que, s'ils ont été séparés de nous par la force, nous avons du moins, sous l'inspiration patriotique de Gambetta, combattu jusqu'au désespoir pour éviter ce déchirement de la Patrie. *(Salves d'applaudissements.)*

Si Gambetta, malgré ses efforts, malgré son génie et sa foi patriotique, ne put réussir à ramener la victoire sous nos drapeaux, il eut du moins l'insigne gloire, en provoquant l'héroïsme du peuple français, de sauver l'honneur de la nation française! *(Applaudissements prolongés.)*

Je vous ai montré jusqu'à présent Gambetta luttant pour la Liberté et pour la Patrie : il me reste enfin à vous le montrer encore luttant pour le triomphe de la République.

III

L'Assemblée nationale qui sortit des élections du 8 février 1871 était loin d'être une assemblée républicaine. Les monarchistes avaient profité de la lassitude du pays; et pendant que Gambetta, partisan de la guerre à outrance, était élu dans plusieurs départements et notamment dans tous les départements de l'Alsace-Lorraine, la province épuisée votait en majorité pour les monarchistes qui, à la France désespérée, promettaient la paix à tout prix.

Les élections de 1871 furent donc des élections faites en vue de la paix, plutôt que des élections politiques. Mais, chose à remarquer, bien que la nouvelle assemblée fût en grande majorité composée de monarchistes, personne à ce moment n'osa proposer de fonder la monarchie.

Ah! c'est qu'après les sanglants désastres que le gouvernement personnel venait d'accumuler sur la patrie, tout le monde sentait que la France ne voulait plus s'abandonner; qu'elle voulait désormais rester maîtresse de ses destinées; et que la République était le seul gouvernement légitime, le seul que l'on pût établir sans froisser la conscience du pays. *[Applaudissements.]*

Le premier soin de l'assemblée nationale fut de proclamer la déchéance de Napoléon III et de sa dynastie, et de nommer M. Thiers, qui avait été élu dans vingt-deux départements, chef du pouvoir exécutif.

Quelques mois plus tard, le 3 septembre 1871, l'assemblée vota une loi portant que le chef du pouvoir exécutif prendrait désormais le titre de Président de la République Française.

La République était donc fondée en droit. Mais, en fait, nous allions avoir encore de longues luttes à soutenir.

Dans l'assemblée, les partis monarchiques divisés ne pouvaient se mettre d'accord ; aussi n'avaient-ils qu'une seule intention : maintenir un état de gouvernement provisoire jusqu'au jour où ils pourraient s'entendre sur le choix du prince à élever sur le trône de France.

M. Thiers, au contraire, malgré son long attachement à la monarchie, était franchement devenu partisan de la République. Cet illustre citoyen qui, au cours de sa longue existence, avait tant de fois donné des preuves éclatantes de patriotisme, comprenait que la République était le seul gouvernement qui pût concilier les partis et rallier la majorité des Français.

Quant à Gambetta, lui, il était toujours l'incarnation vivante de la Patrie et de la République. Il aimait ardemment la République, parce qu'il aimait ardemment la Patrie.

Ah ! c'est qu'en effet, Messieurs, la République, c'est la Patrie en possession d'elle-même ; c'est la France libre et fière ; c'est la France debout, dégagée des entraves despotiques du passé, et marchant vers l'avenir le front ceint d'une triple auréole où rayonnent la loi, la justice et la liberté ! (*Applaudissements.*)

Aussi Gambetta, sentant les dangers que pouvaient faire courir à la République les menées sourdes de la réaction et du cléricalisme, résolut, dès ce jour, d'entreprendre l'éducation démocratique de son pays. Il fonda d'abord, le 5 novembre 1871, le journal la *République Française*, auquel il adjoignit bientôt la *Petite République Française ;* et, au moyen de la presse, il propagea jusque dans les moindres hameaux les bienfaits, les enseignements et les saines doctrines de la Révolution.

Mais il fit plus : il parcourut la France en tous sens, semant partout la parole démocratique et républicaine; et, dans ses promenades oratoires, il instruisit le suffrage universel et le tint constamment en garde contre les embûches que lui dressaient ses ennemis.

Comme cette campagne patriotique ressemblait peu à la réclame tapageuse qu'une certaine personnalité bruyante cherche de nos jours à provoquer autour de son nom !

Ah ! Messieurs, ce n'était pas au bruit des chansons de café-concert et du tumulte populaire (*explosion de bravos*) que Gambetta se promenait à travers la France!...

Lisez ses innombrables discours. Vous y verrez que Gambetta ne parlait jamais de sa personne; il n'avait qu'un seul objectif : les intérêts de la Patrie et la défense de la République. Et l'on peut dire que ses discours admirables ne sont autre chose que le code immortel de la démocratie et du patriotisme (*Applaudissements prolongés.*)

Dans Gambetta, à côté du démocrate on trouve toujours l'ardent patriote. Ecoutez ce passage d'un discours qu'il prononçait à Thonon, dans la Haute-Savoie, le 29 septembre 1872 :

La France, vous avez eu raison de le dire, sera d'autant plus attrayante qu'elle ne sera régie que par la loi, qu'elle sera aux mains de tous les citoyens et non plus aux mains et soumise aux caprices d'un seul.

Ah ! oui, la France glorieuse et replacée, sous l'égide de la République, à la tête du monde, groupant sous ses ailes tous ses enfants désormais unis pour la défendre au nom d'un seul principe, et présentant au monde ses légions d'artistes, d'ouvriers, de bourgeois et de paysans ; ah ! oui, il est bon de faire partie d'une France pareille, et il n'est pas un homme qui alors, ne se glorifiât de dire à son tour : Je suis citoyen Français !

Mais il n'y a pas que cette France, que cette France glorieuse, que cette France révolutionnaire, que cette France émancipatrice et initiatrice du genre humain, que cette France d'une activité merveilleuse, et, comme on l'a dit, cette France nourrice des idées générales du monde : il y a une autre France que je n'aime pas moins, une autre France qui m'est encore plus chère, c'est la France misérable, c'est la France vaincue et humiliée, c'est la France qui est accablée, c'est la France qui traîne son boulet depuis quatorze siècles, la France qui crie suppliante vers la justice et vers la liberté, la France que les despotes poussent constamment sur les champs de bataille, sous prétexte de liberté, pour lui faire verser son sang par toutes les artères et par toutes les veines; la France que, dans sa défaite, on calomnie, que l'on outrage; oh! cette France-là, je l'aime comme on aime une mère; c'est à celle-là qu'il faut faire le sacrifice de sa vie, de son amour-propre et de ses jouissances égoïstes; c'est de celle-là qu'il faut dire, là où est la France, là est la Patrie!

Trois jours auparavant, le 26 septembre, il avait prononcé, à Grenoble, un autre discours dans lequel, à côté du patriote on trouve l'ardent démocrate. Dans ce discours de Grenoble, il avait annoncé l'avénement de nouvelles couches sociales, au grand scandale de ceux qui ne comprennent pas l'égalité sociale et qui ne veulent pas voir qu'à l'époque où nous sommes, l'intelligence et le travail sont les seuls titres de noblesse et doivent être les seules causes de distinction parmi les hommes (*Applaudisse-ments*).

Que voulez-vous? disait-il, en France on ne peut pas s'habituer, depuis quarante-cinq ans, dans certaines classes de la société, à prendre son parti, non seule-ment de la Révolution française, mais de ses consé-quences, de ses résultats. On ne veut pas confesser que la monarchie est finie, que tous les régimes qui peuvent, avec des modifications différentes, repré-senter la monarchie, sont également condamnés. Et c'est dans ce défaut de résolution, de courage chez une notable partie de la bourgeoisie française, que je retrouve l'origine, l'explication de nos malheurs, de toutes nos défaillances, de tout ce qu'il y a encore d'incertain, d'indécis et de malsain dans la politique du jour.

On se demande, en vérité, d'où peut provenir une pareille obstination ; on se demande si ces hommes ont bien réfléchi sur ce qui se passe ; on se demande comment ils ne s'aperçoivent pas des fautes qu'ils commettent et comment ils pensent plus longtemps conserver de bonne foi les idées sur lesquelles ils prétendent s'appuyer ; comment ils peuvent fermer les yeux à un spectacle qui devrait les frapper. N'ont-ils pas vu apparaître depuis la chute de l'Empire, une génération neuve, ardente, quoique contenue, intelligente, propre aux affaires, amoureuse de la justice, soucieuse des droits généraux? Ne l'ont-ils pas vu faire son entrée dans les Conseils municipaux, s'élever par degrés dans les autres Conseils électifs du pays, réclamer et se faire sa place, de plus en plus grande, dans les luttes électorales? N'a-t-on pas vu apparaître, sur toute la surface du pays, — et je tiens infiniment à mettre en relief cette génération nouvelle de la démocratie, — un nouveau personnel politique électoral, un nouveau personnel du suffrage universel? N'a-t-on pas vu les travailleurs des villes et des campagnes, ce monde du travail à qui appartient l'avenir, faire son entrée dans les affaires politiques? N'est-ce pas l'avertissement caractéristique que le pays, — après avoir essayé bien des formes de gouvernement, — veut enfin s'adresser à une autre couche sociale pour expérimenter la forme républicaine?

Oui, je pressens, je sens, j'annonce la venue et la

présence, dans la politique, d'une couche sociale nouvelle qui est aux affaires depuis tantôt dix-huit mois, et qui est loin, à coup sûr, d'être inférieure à ses devancières.

Non-seulement Gambetta a annoncé l'avènement de nouvelles couches sociales, c'est-à-dire le triomphe de la démocratie, mais encore c'est lui qui a préparé, conduit et amené ce triomphe.

Cependant la coalition monarchique suivait son cours. Le 24 mai 1873, après avoir, dans la séance du 19 mai, présenté au milieu des plus vives protestations de la droite, un projet de constitution consacrant la forme républicaine d'une manière définitive, M. Thiers, en présence de l'opposition systématique des vieux partis coalisés, se crut obligé de donner sa démission. Le maréchal de Mac-Mahon lui succéda à la Présidence de la République.

La réaction triomphait. Mais Gambetta veillait toujours. Il fit un appel au calme et au patriotisme de la nation, et ce fut lui qui rédigea cet avertissement que les gauches adressèrent au peuple français :

Citoyens,

Dans la situation que fait à la France la crise politique qui vient d'éclater, il est d'une importance suprême que l'ordre ne soit pas troublé.

Nous vous adjurons d'éviter tout ce qui serait de nature à tourmenter l'opinion publique.

Jamais le calme de la force ne fut plus nécessaire. Restez calmes. Il y va du salut de la France et de la République.

Cet appel fut écouté ; et la France républicaine attendit anxieuse mais avec calme la suite des évènements.

Vous savez comment les menées factieuses du parti monarchique et clérical allèrent échouer à Froshdorff, devant l'attitude du comte de Chambord qui ne voulait revenir en France qu'avec le drapeau blanc et le cortége de tous les priviléges aristocratiques.

Les réactionnaires, découragés par cette attitude imprévue, résolurent d'attendre la mort du comte de Chambord pour recommencer leur entreprise. Gambetta déjoua leurs projets.

Il serait trop long de vous raconter ici les actes d'énergie, de courage civique et d'habileté parlementaire au moyen desquels Gambetta, aidé de M. Thiers, réussit à faire voter par une assemblée monarchiste une constitution républicaine.

Le 30 janvier 1875, la constitution républicaine qui nous régit était votée à une voix de majorité.

Je passe, Messieurs, et, pour rester dans les

limites du sujet que je me suis proposé, j'arrive
immédiatement à la dissolution volontaire de
l'assemblée nationale et aux élections de 1876 qui
furent faites en vertu de la nouvelle constitution.

Ici encore nous voyons Gambetta sillonner la
France en tous sens, apportant avec lui l'heu-
reuse influence de sa parole démocratique.

Je ne vous rappellerai pas tous les discours
qu'il prononça dans ces circonstances. Per-
mettez-moi seulement de vous lire un passage
de son discours de Lille, du 6 février 1876,
dans lequel il donnait la définition du vrai
démocrate :

Quand je dis qu'il faut que vos candidats soient des
démocrates, j'entends dire qu'ils doivent être pénétrés,
avant tout, de la nécessité de l'amélioration intellec-
tuelle et morale du plus grand nombre, et qu'ils ne
doivent pas cesser de poursuivre dans l'administration comme dans la législation les moyens pratiques
d'éclairer les esprits et de faire arriver à la lumière
les capacités intellectuelles que recèle la masse entière
du peuple, laquelle est tenue à l'écart, et qui, comme
une mine non exploitée, renferme peut-être des trésors
de facultés et d'aptitudes que la misère et l'ignorance
étiolent, que l'obscurantisme asservit ou corrompt au
détriment de la Patrie.

Ce que j'entends par démocrates, ce sont des hommes qui sont persuadés que la souveraineté doit
s'exercer dans le sens du plus grand nombre, et
jamais au profit d'une collection d'individus, d'une

caste ou d'une famille ; ce sont des hommes qui comprennent que l'administration de l'Etat, que son budget et sa force ne doivent être qu'un moyen de développement général et non la mense, la feuille de bénéfice de quelques-uns. Ce sont des hommes qui ne sont préoccupés avant tout que de la meilleure distribution des forces financières, industrielles, économiques du pays ; ce sont des hommes qui, ne sacrifiant rien au hasard, ne vont que du connu à l'inconnu, avec patience, avec méthode, ne tentant que ce qui est possible, et reconnaissant qu'il y a toujours quelque chose à faire, même dans le meilleur des mondes possibles.

Le démocrate enfin n'est pas celui qui n'est uniquement préoccupé que de reconnaître des égaux, car tous les jours, dans la société, on reconnaît des égaux, mais là n'est pas la démocratie vraie. Ce qui constitue la vraie démocratie, ce n'est pas de reconnaître des égaux, c'est d'en faire...

Les efforts généreux de Gambetta furent couronnés de succès ; et les élections du 20 février 1876 envoyèrent à la Chambre une forte majorité républicaine.

Mais le parti monarchique et clérical n'avait pas désarmé. Pendant toute cette année 1876 et dans les commencements de l'année 1877, il ne cessa de se livrer à des intrigues de couloir, et chercha à captiver complètement l'esprit du Maréchal, dont les tendances monarchiques et cléricales lui étaient bien connues.

Condamnée par le suffrage universel, la réaction voulut tenter d'intimider la souveraineté nationale et de la dompter par un coup de force. Et c'est ici que nous arrivons au 16 mai 1877 ; — date pénible, où nous voyons le Maréchal de Mac-Mahon, président de la République française, un brave soldat, avoir la faiblesse de ternir l'éclat de sa vie militaire, en devenant le complice de ceux qui voulaient égorger la République dont la garde lui était confiée !... (*Applaudissements.*)

Le Maréchal congédia brutalement le ministère de M. Jules Simon, et appela aux affaires les de Broglie, les de Fourtou, qui acceptèrent avec empressement la mission de dissoudre la Chambre.

En présence de ce Coup d'Etat parlementaire, Gambetta, au nom de toutes les gauches, fit entendre à la tribune des protestations indignées.

Mais la parole de Gambetta n'arrêta point ces ministres audacieux dans l'exécution des projets qu'ils avaient formés : le surlendemain, 18 mai, la Chambre était prorogée pour un mois.

La prorogation de la Chambre n'était que le préliminaire de sa dissolution. Et, en effet, cinq semaines plus tard, la dissolution fut votée par le Sénat dont la majorité était encore réactionnaire.

A partir de ce moment, nous voyons Gambetta opposer à la lutte violente des factieux qui étaient au pouvoir, la lutte calme et pacifique de la propagande républicaine.

Vous savez, Messieurs, avec quel cynisme les hommes du *Seize-Mai* violèrent tous les droits, foulèrent aux pieds toutes les libertés. Vous savez comment ils ne conservèrent de la République que l'étiquette, à tel point qu'il arriva cette chose étrange que sous un gouvernement qui s'appelait « le Gouvernement de la République Française, » on poursuivait tous les journalistes qui défendaient les institutions républicaines ! (*Applaudissements.*)

Gambetta fut, comme toujours, dans ces circonstances graves, le champion intrépide et courageux des idées démocratiques.

Pour la troisième fois il parcourut la France, apportant au suffrage universel le secours de son éloquence entraînante et irrésistible. Il recommandait aux populations de répondre à la violence du pouvoir par le calme et surtout par le bulletin de vote; et dans son discours de Lille, qu'il prononça le 15 août, il constatait avec satisfaction que ses conseils avaient été suivis :

Le pays est resté calme, disait-il, en face de toutes les provocations. On lui a enlevé toutes les commodités de l'existence politique. On a fermé les cercles, interdit les réunions, empêché la circulation des journaux dans les lieux où on avait l'habitude de les rencontrer. On a épuisé contre l'opinion tous les moyens qui pouvaient faire espérer de la réduire ou de l'étouffer. Je n'énumérerai pas devant vous cette longue liste d'excès de pouvoir, d'abus d'autorité qui ont été déférés aux tribunaux et qui attendent la fortune diverse de la justice ordinaire ou de la justice administrative. Non, ce serait là un exposé fastidieux ; mais je tiens à prendre acte de ces nombreux procès, de ces résistances judiciaires et légales, opposées sur tous les points de la France à la politique à outrance du 24 Mai. Non pas qu'il soit très bon, très encourageant pour l'avenir, de voir l'autorité discutée dans les prétoires du pays ; mais la nécessité est la loi de la politique, et, lorsque dans une grande démocratie où les émotions légitimes peuvent se transformer si aisément en mouvements populaires désordonnés, où l'on est si prompt à ne pas s'en rapporter aux lois et à la raison ; où l'on a peut-être trop sacrifié, dans le passé, à un besoin de générosité et de courage à tout propos contre les vexations du pouvoir, je dis qu'il est notable, qu'il est bon, qu'il est heureux de voir que, sous le coup des provocations qui se sont produites dans ces derniers temps, la démocratie française ait pris définitivement pour méthode la résistance légale et juridique aux empiétements du pouvoir personnel...

C'est ce discours de Lille qu'il terminait par ces paroles éloquentes et bien connues :

Quand la seule autorité devant laquelle il faut que tous s'inclinent, aura prononcé, ne croyez pas que personne soit de taille à lui tenir tête.

. . . .

Ne croyez pas que lorsque tant de millions de Français auront parlé, il y ait personne, à quelque degré de l'échelle politique ou administrative qu'il soit placé, qui puisse résister

Quand la France aura fait entendre sa voix souveraine, croyez-le bien, Messieurs, il faudra se soumettre ou se démettre.

La campagne électorale de Gambetta porta ses fruits.

Les élections du 14 octobre 1877 furent la condamnation des hommes du 16 Mai ; et, en dépit de la candidature officielle qui n'avait jamais eu d'aussi beaux jours , la République en sortit radieuse et triomphante ! (*Applaudissements.*)

Malgré ces élections républicaines, le Maréchal, dans son aveuglement, voulut encore résister. Il conserva pendant quelques jours le *Ministère de combat ;* et après la démission du cabinet de Broglie, il osa former un nouveau ministère de réaction qu'il prit en dehors de la Chambre des Députés : le Ministère de Rochebouët.

Mais sous l'inspiration de Gambetta, la majorité de la Chambre prit une détermination énergique : elle déclara formellement qu'elle n'entrerait pas en communication avec ce Ministère.

Le maréchal de Mac-Mahon, cédant toujours

aux funestes conseils de son entourage, voulait continuer la résistance. C'est alors que Gambetta se dressa de nouveau en face du pouvoir personnel, au nom de la souveraineté nationale ; et, le 4 Décembre, montant à la tribune, il proposa à la Chambre de décider qu'elle ne se dessaisirait du budget qu'en faveur d'un Ministère républicain :

Après l'interruption absolument impolitique et illégale, s'écria-t-il, que la France a subie dans sa vie parlementaire depuis le 16 Mai, nous avons essayé dans la mesure de nos forces, de ne pas priver le pays des ressources qu'il prodigue et sur lesquelles il est en droit de compter pour le fonctionnement de ses affaires publiques. Ce budget général, nous l'avons préparé ; les rapports sont là ; nous les déposons sur la tribune du Corps législatif.

Ainsi, en règle avec nos devoirs, prêts à la discussion et au vote de tous ces budgets, nous adressant encore au pays, nous ajouterons : Nous, nous sommes prêts ; mais nous ne livrerons notre or, nos charges, nos sacrifices, le produit de notre dévouement, que lorsqu'on se sera incliné devant la volonté qui a été exprimée le 14 Octobre, de savoir si, en France, c'est la nation qui gouverne ou un homme qui commande.

La résolution proposée par Gambetta fut votée ; et, en présence de cette virile attitude de la Chambre, le Maréchal de Mac-Mahon se décida enfin à faire des concessions : le 13 décembre, il constituait le cabinet Dufaure.

Malgré tout, la présence du Maréchal à la Présidence de la République était un obstacle absolu aux réformes démocratiques. Cet obstacle ne devait pas tarder à disparaître, et la parole prophétique de Gambetta allait enfin se réaliser.

Le 5 janvier 1879, eurent lieu des élections sénatoriales pour le renouvellement triennal du Sénat. Ces élections furent démocratiques et envoyèrent au Sénat une imposante majorité républicaine.

C'est alors que le Maréchal, voyant disparaître la dernière forteresse de la réaction, et ne voulant pas complètement se soumettre, fut obligé de se démettre (*applaudissements*). Le 20 janvier, il donna sa démission.

A l'avènement de M. Jules Grévy, la République était enfin définitivement établie.

Et c'est après tant d'efforts pour conquérir notre liberté, et donner à la France une constitution républicaine, que nous reviendrions aujourd'hui en arrière?

C'est après tant de luttes pour la conquête de droits et de notre dignité nationale, que nous abdiquerions notre souveraineté, pour nous jeter, comme des esclaves incapables, entre les bras d'un sauveur?

Non, Messieurs, je ne crois pas à cette défaillance. Le peuple Français est un peuple libre qui saura garder, et, au besoin, défendre sa liberté! (*Applaudissements.*)

Le vent d'égarement et de folie qui, pendant quelque temps, a semblé nous entraîner vers l'inconnu, dissipera lui-même les nuages qui ont, un moment, assombri l'avenir. Car les républicains égarés dont les suffrages, depuis quelques jours, fraternisent avec les suffrages bonapartistes, ne peuvent continuer longtemps, sans ouvrir les yeux, cette alliance impie avec les ennemis les plus acharnés de la République.

Serrons nos rangs, Messieurs; et que l'ombre de Gambetta nous protège contre les entraînements irréfléchis! Que le souvenir de ce grand républicain et de ce grand patriote nous réunisse tous dans une commune pensée : la concentration républicaine pour la défense de la République et de la Patrie! (*Triple salve d'applaudissements.*)

www.ingramcontent.com/pod-product-compliance
Lightning Source LLC
LaVergne TN
LVHW012017180726
843502LV00005B/1754